C O I

Gri

CW01649130

CP CYCLE 2

cahier d'activités 2

Marie-Pierre ATTARD-LEGRAND
P.E.M.F.

•

Pierre CHAULET
P.E.M.F.

•

Dominique DELOMIER
Maître de conférences en linguistique

•

Valérie DRÉVILLON
Professeur d'I.U.F.M.

•

Jean-Paul LARUE
P.E.M.F.

•

Avec, pour la production d'écrits, la collaboration de :
Jacqueline MASSONNET
I.E.N.

BORDAS

Conception couverture : Killiwatch
Conception de la maquette : Marc & Yvette
Illustrations : Annaïck Caraës - Françoise Naudinat
Calligraphie : Nicole Vilette
Réalisation : PFC-Préface Dole

ISBN 2-04-728959-9

AVANT-PROPOS

Le cahier 2 de la collection Grindelire couvre les périodes 4 et 5 du manuel. Il suit la progression de ce dernier. L'étude du code est volontairement regroupée en fin de chaque période, laissant ainsi toute latitude d'utilisation. Elle est présentée par Grindelire, le lutin malin.

Les exercices 1, 3 et 5 sont à faire en priorité, les 2, 4 voire 6 sont en supplément et permettent de différencier l'enseignement. Les consignes sont variées pour stimuler l'enfant dans son désir de lire.

Chaque période du cahier correspond à une période du manuel.

SOMMAIRE

PÉRIODE 4

La période 4 suit sensiblement la même structure que le cahier 1 avec un travail sur la langue et le sens d'une part, et un travail sur le code d'autre part.

- **un travail spécifique sur la première et quatrième de couverture.**
- **des double-pages sur le sens :**
  1 : exercice sur le texte
  2 : exercice sur la phrase
  3 : exercice sur le fonctionnement de la langue
  4 : exercice de réinvestissement
  5 : exercice de production d'écrit
  6 : exercice complémentaire dans certains cas.
- **des pages sur le code :**
  1 : exercice de discrimination auditive
  2 : exercice de discrimination visuelle
  3 : exercice de synthèse (aud. + vis.)
  4 : exercice d'écriture
  5 : dictée
- **2 pages d'activités sur les textes fonctionnels**
- **1 page de révisions**
- **1 page de jeux**
- **1 double-page de projet d'écriture**, démarche développée dans le cahier d'écriture.

PÉRIODE 5

La période 5 suit une structure volontairement plus souple pour habituer l'enfant à réfléchir par lui-même et à prendre des initiatives dans l'organisation de son travail comme on le lui demandera au CE1. La partie sur le code porte sur des spécificités de la langue française étudiées dans le manuel (les lettres muettes, la lettre x, la lettre h).

- **un abécédaire des prénoms en dernière page clôt le travail par une révision des lettres.**

• Et ici ?

• Que vois-tu ici ?

• Et là encore ?

• Et là ?

1 **Établis maintenant la fiche d'identité de la première page de couverture en complétant :**

Titre :

Auteur :

Illustrateur :

Éditeur :

2 **Quels personnages vois-tu sur l'illustration ? Coche.**

- ☐ un garçon
- ☐ une grand-mère
- ☐ un papa
- ☐ une fille
- ☐ un grand-père
- ☐ une maman
- ☐ un bébé

3 **À l'aide du titre et de l'illustration, imagine ce qui va se passer dans l'histoire.**

Voir manuel page 136.

La petite sœur de Julien

Julien va bientôt avoir une petite sœur. Grand débat dans la cour de récréation :
« Tu verras Julien, un bébé, c'est la catastrophe : ça crache et ça sent mauvais.
– Ne l'écoute pas Julien ! Un bébé, c'est trooooop mignon ! »
Julien s'interroge :
comment sera-t-elle, sa petite sœur ? Et lui, comment sera-t-il en grand frère ?

À partir de 6 ans

CP Grindelire

Dans la même collection :
- *Le lièvre et la tortue Rosemonde*
- *Petit voyage à Londres*
- *Va, petit mousse, où le vent te pousse...*
- *Le dernier enchantement de Merlin*

1 Entoure sur la quatrième page de couverture les éléments suivants :

- le titre en bleu
- l'âge des lecteurs en rouge
- le logo de la collection en vert.

2 Comment s'appelle cette collection ?

3 À des enfants de quel âge est-elle destinée ?

4 Écris un autre titre de la même collection.

Voir manuel pages 120 et 121.

1 Qui raconte l'histoire ? Colorie le dessin qui convient, puis complète la phrase.

Julien

Amélie

Jérôme

C'est ... qui ... .

2 Remets la phrase dans l'ordre, et écris-la :

qui va arriver chez nous. | de ce bébé | très bien | quoi en penser | Je ne sais plus

3 Modifie les phrases sur le modèle proposé :

- Elle sait quoi en penser → Elle **ne** sait **plus** quoi en penser.
- Kevin court comme les autres.

→

- La tortue Rosemonde pleure.

→

- Alex et Léa sont à Londres.

→

Voir manuel pages 120 et 121.

4 Relis l'histoire de Kevin page 121 et réponds aux questions.

• Qui amène Kevin dans la classe de Nadia, le matin ?

C'est … *qui*

• Pourquoi Kevin ne court-il pas comme les autres ?

Kevin

• À côté de qui Kevin est-il assis en classe ?

Kevin

5 Colorie une illustration. À l'aide des étiquettes, écris une phrase qui correspond à l'illustration choisie.

La maman d'Amélie	du bébé	Julien	
Le bébé	avec ses amis.	Amélie	parle
attendait	est né.	écoute.	un bébé.

Voir manuel pages 122 et 123.

1 **Relie chaque bulle à son personnage. Écris son nom.**

« Ne l'écoute pas Julien »

« Un bébé, c'est la catastrophe »

« Un bébé, c'est trooooop mignon »

2 **Complète les phrases avec les mots proposés ! Attention ! Il y a des mots en trop :** *parents, bébé, important, couettes, écoute, trop, catastrophe.*

Le .... *crie la nuit.*
Ses .... *sont énervés.*
Jérôme dit d'un air ....
« Un bébé, c'est la .... *! »*
Amélie fait danser ses ....

3 **Relie le début de la réponse à la suite qui convient.**

Pourquoi ses parents sont-ils énervés ? Ils sont énervés •	• parce qu'elle n'est pas d'accord.
Pourquoi la vie de Julien va-t-elle changer ? Elle va changer •	• parce que le bébé crie.
Pourquoi Amélie intervient-elle ? Elle intervient •	• parce qu'il a faim.
Pourquoi le bébé crie-t-il ? Il crie •	• parce qu'un bébé va arriver.

Voir manuel pages 122 et 123.

4 **Relis l'histoire de Kevin page 123 et réponds aux questions.**

- Qui a invité Kevin ?

C'est ... qui

- À quel jeu Kevin est-il très fort ?

Kevin est très fort

- Pourquoi le frère de Nadia est-il un peu inquiet ?

Il est inquiet parce que

5 **Colorie une des trois illustrations. Écris son histoire. Tu peux utiliser ta boîte à idées.**

Boîte à idées.

et
mais
pourquoi
parce que

va arriver
rit
sourit
crie
dit que

est inquiet
est ravi
est inquiète
est contente

Julien
le bébé
il
elle
Amélie

Voir manuel pages 124 et 125.

1 **Relis le texte page 124. Coche les cases qui correspondent au texte.**

- ☐ Julien sait donner le biberon au bébé.
- ☐ Amélie sait changer les couches du bébé.
- ☐ Julien ne sait plus très bien quoi penser.
- ☐ Jérôme et Amélie se disputent à cause des bébés.
- ☐ Le petit frère d'Amélie est trop rigolo.

2 **Sépare les mots pour retrouver le texte. Écris-le.**

Améliehausseleséпaulesetlaissetomberavecleplusgrandmépris:
«Oh,tais-toi! Tunecomprendsrienauxbébés.»

3 **Complète la phrase à l'aide de toutes les étiquettes :**

ravi	petit	et	les	à
qui	est	elle	son	
frère	lui	.	change	couches

Amélie donne le biberon

Voir manuel pages 124 et 125.

4 Devinettes.

- Il ne sait plus très bien quoi penser. ....
- Elle fait danser ses couettes. ....
- Elle a un air savant. ....
- Il a un air important. ....
- Elle a un air sérieux. ....
- Il a un air dégoûté. ....

5 Écris une phrase pour chaque image. Tu peux utiliser les groupes de mots proposés.

Léa	explique que	son petit frère	est très rigolo.
Amélie	comprend que	les couches	est amusant.
Julien	raconte que	le biberon	du bébé.
Il	change	sa petite sœur	crie quand il a faim.
Elle	pleure		de son frère.

1

2

3

1

2

3

Voir manuel pages 126 et 127.

1 **Coche les phrases qui correspondent au texte.**

☐ Maman regarde le calendrier de Julien.

☐ Julien regarde son calendrier et imagine le bébé dans le berceau.

☐ La naissance est prévue pour le 18 mars.

☐ Dans la cour de l'école, Julien écoute ses amis qui parlent de leurs petits frères.

☐ Maman a déjà préparé le berceau.

☐ Papa a tricoté des chaussons.

2 **Barre les mots qui n'appartiennent pas au texte. Retrouve les mots qui conviennent et recopie les phrases.**

J'ai commencé à recopier les jours sur mon agenda.
Cette naissance est prévue pour le 15 mai.
Ce soir, j'ai ajouté la case du 15 mars.

3 **Observe l'illustration page 126 puis relie la question à la réponse qui convient.**

Où est Julien ? •	• Il est sur le mur.
Où sont les jouets ? •	• Il est devant le calendrier.
Où est le calendrier ? •	• Ils sont sous le calendrier.

Voir manuel pages 126 et 127.

4 **Qui parle ? Écris le nom qui convient.**

Julien Alex Miguel Amélie Jérôme Jambe-de-Bois Léa

« Un bébé, ça crie la nuit. »	
« Vous avez choisi le mauvais œil, capitaine. »	
« Un bébé, c'est trop mignon ! »	
« Regarde, un monsieur en jupe ! »	
« Nettoie le pont. Astique nos canons. »	
« Tu ne comprends rien aux bébés. »	

5 **Raconte les préparatifs pour la venue du bébé. Tu peux utiliser la boîte à idées ou les mots du texte.**

le papa de Julien	le berceau	a tricoté	rose	pour
la maman de Julien	un landau	a acheté	blanc	du
sa maman	des chaussons	a repeint	bleu	et
le bébé	un bonnet	a réparé	petite	en
	la chambre		petit	

• Illustre ton histoire.

Voir manuel pages 128 et 129.

1 **Remets les parties du texte dans l'ordre en les numérotant.**

☐ Ça me fait rire.

☐ « Tiens, mets ta main là, sur mon ventre. »

☐ Ça me fait un peu peur aussi.

☐ Et je sens des coups.

☐ Quelquefois, Maman me dit :

2 **Remets dans les cases la ponctuation qui a été enlevée, puis colorie le dessin.**

Quelquefois ☐ Maman me dit ☐
☐ Tiens ☐ mets ta main là ☐
sur mon ventre ☐ ☐ Et je sens
des coups ☐

3 **Complète les phrases avec les groupes de mots proposés.**

quand elle parle de ses futurs bébés - la nuit - vers le 15 mai.

• Quand le bébé crie-t-il ?

Le bébé crie

• Quand le bébé va-t-il arriver ?

Le bébé va arriver

• Quand Amélie a-t-elle les yeux brillants ?

Amélie a les yeux brillants

Voir manuel pages 128 et 129.

4 **Complète par** vrai **ou** faux **.**

- Julien a peur de l'arrivée du bébé. ....
- Amélie a peur d'avoir des bébés plus tard. ....
- Jérôme a peur de ne pas pouvoir dormir la nuit. ....
- Miguel avait peur de Jambe-de-Bois. ....
- Léa et Alex avaient peur de l'Écossais. ....
- Les pirates n'avaient pas peur des Anglais. ....
- Le lièvre avait peur de la tortue. ....

5 **Relis la poésie page 129. Sur le même modèle, crée la tienne. Tu peux t'aider des étiquettes.**

chemin | mer | poisson | oiseau | lune
chant | pierre | coquillage | pétale | ciel
plume | nuage | bateau | étoile | bouquet
fleur | soleil

Quand la vie est
chaque jour est
Quand la vie est
chaque jour est

Quand la vie est

Quand la vie est

Voir manuel pages 130 et 131.

1 **Coche la phrase qui correspond au texte.**

- ☐ La maman de Julien voulait appeler sa fille Leia.
- ☐ La princesse de *La Guerre des étoiles* s'appelle Alice.
- ☐ Sur une photo jaunie, le papa de Julien a vu une grosse dame.
- ☐ Le papa de Julien adore le livre *Alice au pays des merveilles*.

2 **Remets les groupes de mots dans l'ordre de la phrase et écris-la.**

avec un bonnet de dentelle, | assise sur un banc de pierre.

en longues jupes, | Il y avait une grosse dame

3 **Complète les phrases avec un groupe de mots de ton choix. Illustre chaque phrase.**

avec les yeux brillants - avec de grands yeux bleus
garni de tissu bleu - en pantalon rose.

1 Dans la classe, il y a une fille
2 Il a un lit
3 Il a un petit frère
4 Sur la photo, il y a un petit garçon

1 2 3 4

4 **Relis ton texte pour répondre aux questions :**

- Quel prénom le papa de Julien aimait-il ? Coche la bonne réponse.

☐ Élisabeth ☐ Leia ☐ Élodie
☐ Bérénice ☐ Amélie ☐ Alice

- Dans quel livre son père a-t-il trouvé ce prénom ?

- Quel prénom voulait Julien pour le bébé ? Coche la bonne réponse.

☐ Élisabeth ☐ Bérénice ☐ Hortense
☐ Leia ☐ Amélie ☐ Alice

- Dans quel film Julien a-t-il trouvé ce prénom ?

5 **Relis le texte page 131 pour répondre aux questions.**

- À l'origine, que voulait dire le mot enfant ? Coche la bonne réponse.

☐ "celui qui ne mange pas" ☐ "celui que ne parle pas"
☐ "celui que ne boit pas"

- Dans quel journal est paru ce texte ?

- À quelle date ?

6 **En t'inspirant du texte page 131, écris ce qu'un enfant est capable de faire.**

Voir manuel pages 132 et 133.

1 **Remets les phrases du texte dans l'ordre en les numérotant.**

- ☐ Ma petite sœur s'appellera Sara.
- ☐ Mais c'est Sara ! La mère de ma grand-mère !
- ☐ Mamie a chaussé ses lunettes.
- ☐ C'est joli comme prénom Sara.
- ☐ Ça nous plaît bien à tous les trois, Papa, Maman et moi.

2 **Entoure en bleu le groupe de mots du texte et en rouge celui qui a le même sens. Colorie le dessin qui correspond au texte.**

- Mamie a mis ses lunettes.
- Mamie a chaussé ses chaussures.
- Mamie a chaussé ses lunettes.
- Mamie a mis ses chaussures.

3 **Retrouve la phrase qui correspond à chaque dessin. Écris-la.**

Plus tard, Julien sera un adulte.

Maintenant, Julien est un enfant.

Avant, Julien était un bébé.

Voir manuel pages 132 et 133.

4 Devinettes.

- Il imagine sa petite sœur dans le berceau. ....
- Elle a tricoté des chaussons. ....
- Il adore le livre *Alice au pays des merveilles*. ....
- Elle porte des lunettes. ....

5 Choisis un personnage et raconte ce qu'il fait. Tu peux t'aider des mots proposés.

Julien	adore	et	la chambre
Mamie	change	pour	les vêtements
Maman - elle	écoute	avec	les couches du bébé
la grand-mère	prépare	dans	les histoires
il	raccommode	de	
	raconte		

6 Mots croisés.

1. Elle a chaussé ses lunettes.
2. Sara est un joli …
3. Il crie la nuit.
4. Il adore *Alice au pays des Merveilles*.
5. Elle a des couettes.

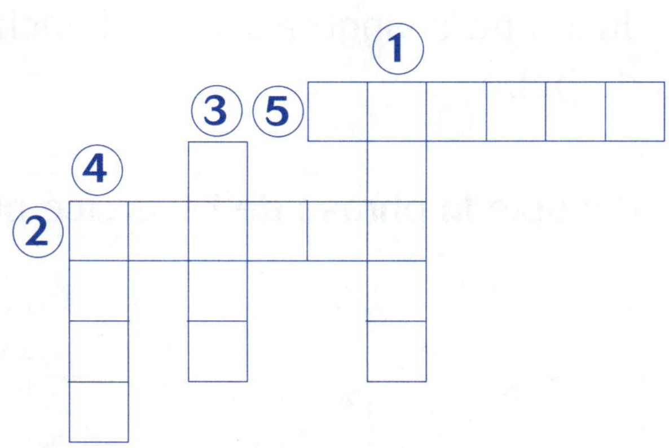

Voir manuel pages 134 et 135.

1 **Remets les phrases du texte dans l'ordre en les numérotant.**

☐ Ma petite sœur sera bientôt dedans.

☐ J'ai fait rouler le berceau tout doucement.

☐ Allez, dépêche-toi de naître, Sara !

☐ Je suis entré dans la chambre de mes parents.

2 **Les étiquettes ont été mélangées. Remets-les dans l'ordre et écris les phrases.**

Tout à l'heure | J'ai fait rouler | Allez, | Sara !

avant d'aller me coucher | je suis entré | le berceau

dans la chambre de mes parents. | dépêche-toi de naître,

tout doucement

3 **Relie les deux parties de la phrase.**

Alex a une montre •	• mais il en cherche une.
Le lièvre n'a pas de maison •	• mais il la perd.
Miguel se glissa dans un tonneau •	• mais il lui racontera des histoires.
Julien ne changera pas les couches du bébé •	• mais il fut découvert par Jambe-de-Bois.

4 **Recopie la phrase de l'exercice précédent qui parle de ton histoire préférée.**

Voir manuel pages 134 et 135.

5 **Devinettes. Qui est-ce ?**

- Son frère crie la nuit. ....
- Les Anglais le nommèrent mousse au service du roi. ....
- Elle visite la Tour de Londres avec sa maman et son frère. ....
- Sa mère lui offre une montre verte. ....

6 **Écris une ou deux phrases pour chaque image. Tu peux utiliser les groupes de mots proposés.**

une robe
une photo
un pull
des chaussons
les jours

tricote
regarde
discutent
barre
compte
choisit

la maman de Julien
Julien et ses camarades
la grand-mère
un album, le bébé
Julien

dans la cour
sur le calendrier
dans la chambre

1

2

3

4

1

2

3

4

Voir manuel page 137.

1 Colorie si tu entends le son [g] 

2 Colorie en suivant les indications.

g = marron
a = vert
z = bleu
o = jaune

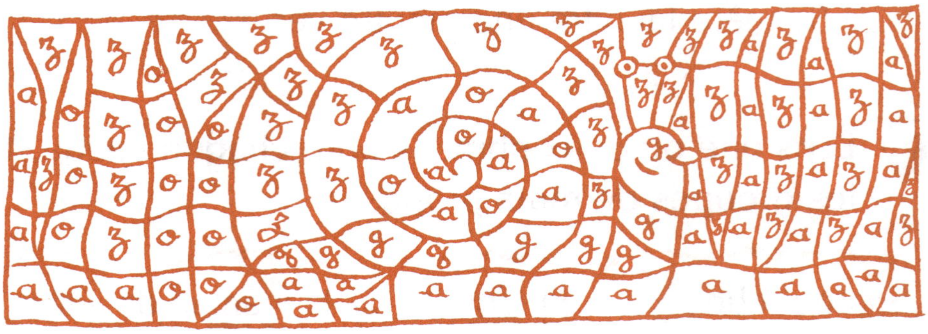

3 Grindelire a mélangé les mots. Classe-les dans la bonne colonne.

les escargots
la langue
orange
les sanglots
la girafe
le genou
un guide

	[g]	[g]
g		
gu		

4 Écris comme le modèle.

g
un gâteau

5 Dictée.

1 Colorie si tu entends le son [ø]  ou [œ] 

2 Entoure tous les **eu** et **œu** dans chaque phrase.

- Marguerite a deux nœuds soyeux dans les cheveux et un bouquet de fleurs bleues.
- *Ma sœur a peur du docteur : elle pleure.*

3 Grindelire a mélangé les syllabes. Retrouve les mots et écris-les.

na *or* *di* *teur*

teur *ra* *pi* *as*

teur *rec* *di*

un ______ *un* ______ *le* ______

4 Écris comme le modèle.

eu
une fleur bleue

5 Dictée.

[z]

Voir manuel page 139.

1 Colorie si tu entends le son [z] 

2 Entoure la lettre z chaque fois que tu la vois.

g z b s l j b g z q s g j z a j g b s z g z d

le zèbre, un lézard, du gaz, la jupe, le pyjama

3 Écris les mots dans le tableau.

une chaise

le zèbre

le poisson

l'arrosoir

un lézard

	 [z]	 [z]
 z		
 z		

4 Écris comme le modèle.

z
un zèbre

5 Dictée.

1 Écoute les mots que l'on va te dire.
Coche les cases des syllabes où tu entends le son [j] 

1			2			3			4			5		

2 Entoure le mot à chaque fois qu'il est écrit.

paille	fille	yeux	pierre
paille	feuille	veux	pierre
paye	fille	yeux	bière
patte	file	peux	pied
paille	faille	yeux	piètre
bille	fille	deux	pitre

3 Grindelire a mélangé les syllabes. Retrouve les mots et écris-les.

leil
so

reuil
cu
é

tail
por

un ……… un ……… le ………

4 Écris comme le modèle.

ill
la feuille

5 Dictée.

[ɲ]
Voir manuel page 141.

1 Colorie si tu entends le son | [ɲ] | 

    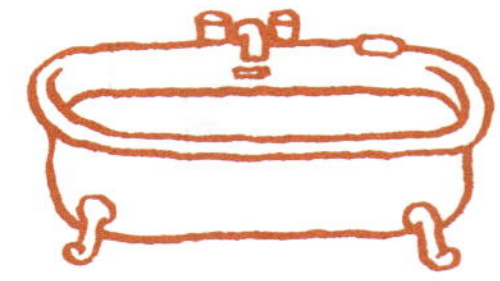

2 Entoure tous les **gn** dans les mots.

la campagne, le muguet, la cigogne, le cygne, il grogne, elle se cogne,
la guitare, la ligne, le champignon, l'Angleterre, une bague, le signe,
le peigne, la baignoire, guignol, un signal, la barque

3 Complète les mots avec la syllabe qui convient.

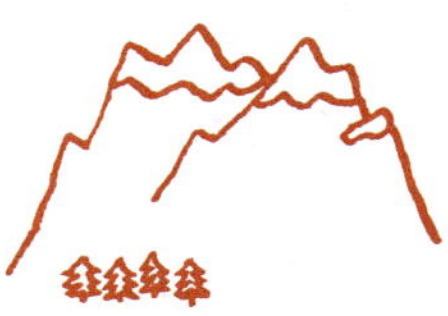

que *gne*

lon *gnon*

gnon *que*

la monta .... *un chi* .... *un champi* ....

4 Écris comme le modèle.

gn
le peigne

5 Dictée.

[wɛ̃]
Voir manuel page 142.

1 Écoute les mots que l'on va te dire. Coche oui si tu entends le son [wɛ̃] non, si tu ne l'entends pas.

1		2		3		4		5	
oui	non	oui	non	oui	non	oui	non	oui	non

6		7		8		9		10	
oui	non	oui	non	oui	non	oui	non	oui	non

2 Colorie tous les **oin** en vert, les **oi** en bleu, les **in** en marron et les **œu** en jaune.

3 Complète les mots avec la seule syllabe qui convient puis recopie chaque phrase.

poin | pen | pâ

La ……te du crayon est cassée.

poin | boî | rou

Elle a une ……te de bonbons.

4 Écris comme le modèle.

oin
le point

5 Dictée.

Voir manuel page 143.

J'ai grandi

Les enfants grandissent tout le temps.
Ils grandissent dès qu'ils sont
dans le ventre de leur maman
et jusqu'à l'âge adulte,
vers 18 ou 20 ans.

Le bébé devient
une petite fille qui
devient
une jeune fille.

Véronique Babin, *Méga poussin*,

1 **Regarde bien le document et souligne les éléments qui te permettent de répondre aux questions suivantes :**

2 **Quand les enfants commencent-ils à grandir ?**

3 **Que devient le bébé sur ce document ?**

4 **Numérote les dessins dans l'ordre des étapes de la vie.**

☐ ☐ ☐ ☐

Voir manuel page 144.

Le calendrier

1999 JANVIER 7 h 46 à 16 h 03			FÉVRIER 7 h 23 à 16 h 46			MARS 6 h 35 à 17 h 32			AVRIL 5 h 31 à 18 h 19			MAI 4 h 33 à 19 h 04			JUIN 1999 3 h 54 à 19 h 44		
1	V	**JOUR DE L'AN**	1	L	Ste Ella	1	L	St Aubin	1	J	St Hugues	1	S	**F. DU TRAVAIL**	1	M	St Justin
2	S	St Basile	2	M	Prés. du Seigneur	2	M	St Charles le Bon	2	V	Ste Sandrine	2	**D**	St Boris	2	M	Ste Blandine
3	**D**	**Épiphanie**	3	M	St Blaise	3	M	St Guénolé	3	S	St Richard	3	L	Sts Philip.-Jacques	3	J	St Kévin
4	L	St Odilon	4	J	Ste Véronique	4	J	St Casimir	4	**D**	**PÂQUES**	4	M	St Sylvain	4	V	Ste Clotilde
5	M	St Édouard	5	V	Ste Agathe	5	V	Ste Olivia	5	L	Ste Irène	5	M	Ste Judith	5	S	St Igor
6	M	St Melaine	6	S	St Gaston	6	S	Ste Colette	6	M	St Marcellin	6	J	Ste Prudence	6	**D**	**Fête Dieu**
7	J	St Raymond	7	**D**	Ste Eugénie	7	**D**	Ste Félicité	7	M	St J.-B. de Salle	7	V	Ste Gisèle	7	L	St Gilbert
8	V	St Lucien	8	L	Ste Jacqueline	8	L	St Jean-de-Dieu	8	J	Ste Julie	8	S	**ANNIVERS. 1945**	8	M	St Médard
9	S	Ste Alix	9	M	Ste Apolline	9	M	Ste Françoise R.	9	V	St Gautier	9	**D**	**Fête de J.-d'Arc**	9	M	Ste Diane
10	**D**	St Guillaume	10	M	St Arnaud	10	M	St Vivien	10	S	St Fulbert	10	L	Ste Solange	10	J	St Landry
11	L	St Paulin	11	J	N.-D. de Lourdes	11	J	Mi-Carême	11	**D**	St Stanislas	11	M	Ste Estelle	11	V	St Barnabé
12	M	Ste Tatiana	12	V	St Félix	12	V	Ste Justine	12	L	St Jules	12	M	St Achille	12	S	St Guy
13	M	Ste Yvette	13	S	Ste Béatrice	13	S	St Rodrigue	13	M	Ste Ida	13	J	**ASCENSION**	13	**D**	St A. de Padoue
14	J	Ste Nina	14	**D**	St Valentin	14	**D**	Ste Mathilde	14	M	St Maxime	14	V	St Matthias	14	L	St Elisée
15	V	St Rémi	15	L	St Claude	15	L	Ste Louise M.	15	J	St Paterne	15	S	Ste Denise	15	M	Ste Germaine
16	S	St Marcel	16	M	**Mardi-Gras**	16	M	Ste Bénédicte	16	V	St Benoît-Joseph	16	**D**	St Honoré	16	M	St J.-F. Régis
17	**D**	Ste Roseline	17	M	**Cendres**	17	M	St Patrice	17	S	St Anicet	17	L	St Pascal	17	J	St Hervé
18	L	Ste Prisca	18	J	Ste Bernadette	18	J	St Cyrille	18	**D**	St Parfait	18	M	St Éric	18	V	St Léonce
19	M	St Marius	19	V	St Gabin	19	V	St Joseph	19	L	Ste Emma	19	M	St Yves	19	S	St Romuald
20	M	St Sébastien	20	S	Ste Aimée	20	S	St Herbert	20	M	Ste Odette	20	J	St Bernardin	20	**D**	**Fête des Pères**
21	J	Ste Agnès	21	**D**	**1er de Carême**	21	**D**	PRINTEMPS	21	M	St Anselme	21	V	St Constantin	21	L	ÉTÉ
22	V	St Vincent	22	L	Ste Isabelle	22	L	Ste Léa	22	J	St Alexandre	22	S	St Émile	22	M	St Alban
23	S	St Barnard	23	M	St Lazare	23	M	St Victorien	23	V	St Georges	23	**D**	**PENTECÔTE**	23	M	Ste Audrey
24	**D**	St Fr. de Sales	24	M	St Modeste	24	M	Ste Catherine	24	S	St Fidèle	24	L	St Donatien	24	J	St J.-Baptiste
25	L	Convers. de St Paul	25	J	St Roméo	25	J	**Annonciation**	25	**D**	**Souv. Déportés**	25	M	Ste Sophie	25	V	St Salomon
26	M	Ste Paule	26	V	St Nestor	26	V	Ste Larissa	26	L	Ste Alida	26	M	St Bérenger	26	S	St Anthelme
27	M	Ste Angèle	27	S	Ste Honorine	27	S	St Habib	27	M	Ste Zita	27	J	St Augustin de C.	27	**D**	St Fernand
28	J	St Thomas d'Aquin	28	**D**	St Romain	28	**D**	**RAMEAUX**	28	M	Ste Valérie	28	V	St Germain	28	L	St Irénée
29	V	St Gildas				29	L	Ste Gwladys	29	J	Ste C. de Sienne	29	S	St Aymar	29	M	Sts Pierre-Paul
30	S	Ste Martine			A. F. A. Paris	30	M	St Amédée	30	V	St Robert	30	**D**	**Trinité - F. Mères**	30	M	St Martial
31	**D**	Ste Marcelle				31	M	St Benjamin				31	L	Visitation			

1 Observe bien ce calendrier. Que signifient les lettres L-M-M-J-V-S-D ?

L :
M :
M :
J :
V :
S :
D :

2 Entoure la date prévue pour la naissance de Sara.

3 Quels sont les jours où tu ne vas jamais à l'école ? Écris leur nom.

4 Écris les six premiers mois de l'année dans le bon ordre :

avril - juin - février - mai - mars - janvier

Annonce l'arrivée d'un bébé

Observe

Achille
est né le 10 octobre 1998

Delphine et Benoît Vigneau
58, Rue de l'abondance. 69003 LYON

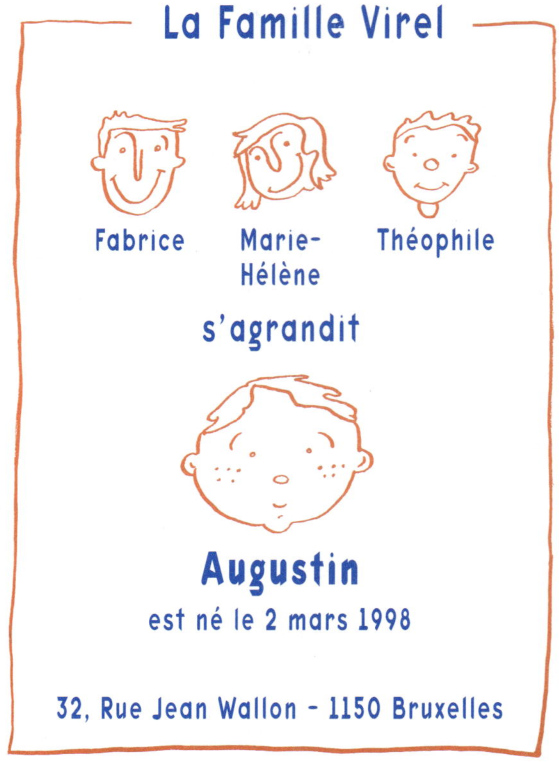
La Famille Virel

Fabrice
Marie-Hélène
Théophile

s'agrandit

Augustin
est né le 2 mars 1998

32, Rue Jean Wallon - 1150 Bruxelles

Réfléchis

- Quel est ce type de documents ?
- Comment le sais-tu ?
- Pourquoi envoie-t-on ces faire-part ?
- Quels sont les prénoms des bébés ?
- Quand sont-ils nés ?

Notre projet

- Préparer le faire-part pour annoncer la venue de Sara.

D'ÉCRITURE

Relire l'histoire.

La boîte à idées

Sara
Julien
papa
maman
les parents
le bébé
le frère
la soeur
....
....
....
....

grande
petite
mesure
pèse

sont très heureux
est très heureux
se réjouit
a le plaisir
se réjouissent
ont
l'arrivée
la naissance

le berceau

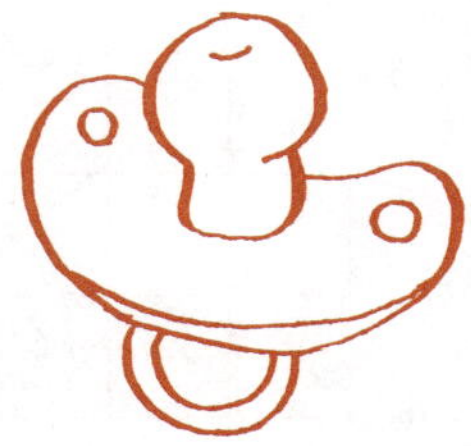
la tétine

le biberon

• Tu peux utiliser la boîte à idées et la compléter.

Écris ton faire-part

• Illustre le recto de ton faire-part.

• Lis ton faire-part à tes amis. Ont-ils bien compris ?

Révisions

1 Écris ce que représentent les dessins :

    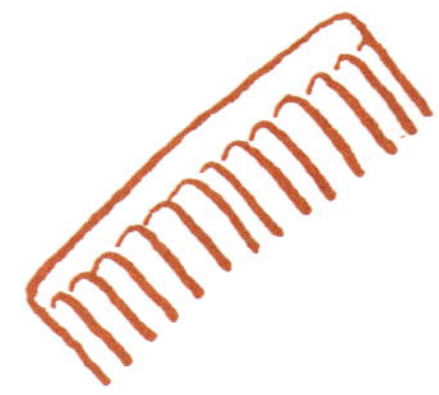

• Si tu as fini, colorie-les.

2 Dans chaque liste, entoure les mots qui n'appartiennent pas à la même famille.

fleur	feuille	grand
fleurir	feuillu	grandir
fleuve	feuilleter	grasse
floral	feu	blanchir
fleurette	fève	agrandissement
flûte	feuillage	grandeur

3 Observe l'image. Complète le texte à l'aide des mots :

sur, dans, sous.

Grindelire est ______ la chambre du bébé. Il y a des chaussons et un biberon ______ la table. Grindelire regarde le bébé qui est ______ le berceau : ______ le berceau, Grindelire a caché sa guitare.

Jeux

1 Relie chaque dessin à la phrase correspondante. Corrige le mot qui a été changé.

 •	• Le bébé dort dans un cerceau. --
 •	• Julien a fait un beau bateau pour le goûter. --
 •	• Dans la cour, Julien joue aux filles avec ses amis. --

2 Mots croisés :

① On change celles des bébés plusieurs fois par jour.

② Le père de Julien en porte pour lire.

③ C'est le prénom de la petite sœur de Julien.

④ Maman en tricote pour bébé.

⑤ Le bébé dormira dedans.

3 Relie les points dans l'ordre :

• Qui donne le biberon ?

C'est

Voir manuel page 149.

1 **Établis maintenant la fiche d'identité de la première page de couverture en complétant :**

Titre :
Auteur :
Illustrateur :
Éditeur :
Collection :

2 **À ton avis, quand l'histoire pourrait-elle se passer ? Coche la bonne réponse.**

- ☐ au Moyen Âge
- ☐ au temps des Grecs
- ☐ au temps de la Préhistoire
- ☐ au temps des Romains

3 **Quel est l'élément qui t'a permis de répondre à la question 2 ? Coche la bonne réponse.**

- ☐ le titre
- ☐ le décor
- ☐ les habits des personnages
- ☐ les auteurs

Voir manuel page 166.

1 Relie les étiquettes au renseignement correspondant :

Auteur •

Titre •

Logo •

Illustrateur •

2 Colorie en rouge les éléments qui figurent à la fois sur la première et la quatrième page de couverture.

3 Combien y a-t-il d'albums en tout dans la collection Grindelire ?

4 Relie le nom aux renseignements qui lui correspondent :

Évelyne Brisou-Pellen •

Stéphane Girel •

• illustre des albums.
• est auteur.
• est né en 1970.
• publie des livres depuis 1978.
• est née en Bretagne.
• est illustrateur depuis 1993.

Voir manuel pages 150 et 151.

1 **Numérote les phrases dans l'ordre de l'histoire.**

☐ Il s'était si souvent transformé en vieillard, en jeune homme, en enfant, qu'il ne savait plus quel âge il avait, mais il pensait qu'il avait déjà vécu de longues années.

☐ Pas sûr… Et ce qu'il vit soudain lui coupa le souffle.

☐ Ce matin-là, quand Merlin pénétra dans la forêt de Brocéliande, il se sentait fatigué.

☐ Il connaissait le monde, il avait tout vu. Tout ?

2 **En quoi Merlin s'était-il transformé ? Complète la phrase dans l'ordre du texte. Tu peux la recopier dans un ordre logique différent.**

en jeune homme
en vieillard
en enfant

Il s'était si souvent transformé

qu'il ne savait plus quel âge il avait.

3 **Relie les mots pour former la phrase qui convient :**

Il •		• m'étais transformé.
Je •		• t'étais transformé.
Tu •		• s'était transformé.

Voir manuel pages 150 et 151.

4 Réponds aux questions :

• Où se passe l'histoire ?

L'histoire se passe

• Comment s'appelle le héros de l'histoire ?

Le héros de l'histoire s'appelle

5 Lis le texte de la quatrième page de couverture page 166, puis complète :

avait de très grands
si qu'il ne craignait personne.
Et pourtant, il aurait dû ...

6 Le texte de la page 151 a été modifié. Complète-le :

Mon papa est un !
Un , un sorcier.
Le soir, je fais réciter à ses formules magiques.
Quelquefois, se trompe et me transforme
en corbeau ou en poireau.

Voir manuel pages 152 et 153.

1 **Numérote les expressions qui désignent Viviane dans l'ordre d'apparition du texte.**

- ☐ la jeune fille
- ☐ une jeune fille ravissante
- ☐ une jeune fille
- ☐ la fille du seigneur et d'une fée de ce vallon
- ☐ Viviane
- ☐ elle

2 **Souligne en vert ce que dit Viviane, en rouge ce que dit Merlin :**

« Qui êtes-vous ? » demanda-t-il.
La jeune fille sursauta.
« Je m'appelle Viviane, répondit-elle,
je suis la fille du seigneur et d'une fée de ce vallon.
Mais je ne vous connais pas…
- Mon nom est Merlin. »
La jeune fille ouvrit des yeux stupéfaits :
« Le grand enchanteur ?
Celui qui peut se changer en ours ou en rocher,
en fleur ou en fumée ? »
Merlin sourit.
« Je peux aussi faire ceci… »

3 **Dictée.**

Voir manuel pages 152 et 153.

4 **Déplace le groupe souligné à l'intérieur de la phrase :**

exemple : J'ai un nouveau livre <u>à la maison</u>.

À la maison, j'ai un nouveau livre.

- Merlin vit soudain une jeune fille <u>dans la forêt de Brocéliande</u>.

- Viviane se reposait <u>sous les arbres de la forêt</u>.

- Elle peignait ses longs cheveux <u>près de la fontaine</u>.

5 **En suivant le modèle du texte, invente ce que Merlin aurait pu rencontrer…**

Et ce qu'il vit soudain lui coupa le souffle.

Dans *, près de*

un

un

Tu peux t'aider, si tu le souhaites, de la liste ci-dessous :

un monstre *une forêt* *lisait un livre*

un lutin *un chêne* *mangeait du potiron*

une maison *la cheminée* *très mignon* *abominable*

Voir manuel pages 154 et 155.

1 **Entoure le résumé qui correspond au texte.**
Souligne dans l'autre résumé ce qui ne convient pas.

• Merlin fit apparaître pour Viviane un imposant château entouré d'un verger et d'un jardin. Il le peupla de dames et de chevaliers qui se mirent à danser au son de la musique que jouaient des troubadours. Viviane refusa le cadeau de Merlin parce qu'elle n'aimait pas la musique.

• Merlin offrit à Viviane un château fort peuplé de dames, de chevaliers et de leurs troubadours qui les faisaient danser. Ils étaient entourés de fruits et de fleurs. Viviane refusa le cadeau de Merlin parce qu'elle aimait le silence et la tranquillité de sa forêt.

2 **Complète les phrases suivantes avec les étiquettes proposées :**

des légumes	des fleurs	des céréales	des fruits

• Dans un verger	poussent	....
• Dans un jardin	poussent	....
• Dans un potager	poussent	....
• Dans un champ	poussent	....

3 **Réécris chacune des phrases de l'exercice précédent en changeant l'ordre des étiquettes :**

Voir manuel pages 154 et 155.

4 Marque les liaisons comme le modèle :

Au milieu, surgit‿un château aux murs épais, aux toits pointus, gardé par huit puissantes tours. Puis, arrivèrent des dames et des chevaliers, menés par des troubadours. Ils entrèrent dans le cercle et se mirent à danser.

5 Observe le groupe de mots :

… un château aux murs épais, aux toits pointus…

Complète les groupes de mots suivants à l'aide d'expressions de ton choix.

une jeune fille

un jeune homme

une forêt

des fleurs

• Tu peux t'aider si tu le souhaites, des expressions suivantes :

aux arbres magnifiques
aux couleurs chatoyantes
aux longs cheveux
au doux regard
aux jolies couettes
à la haute silhouette
aux yeux noirs
au doux parfum
aux yeux bleus
au parfum délicat
aux lumières douces

• Illustre un des quatre groupes de mots.

Voir manuel pages 156 et 157.

1 **Souligne en vert les mots en gras qui se rapportent à Viviane, en rouge ceux qui se rapportent à Merlin.**

Elle se sentit très émue.
Je dois partir, car il a besoin de **moi**.
Elle le regarda.
Je vous attendrai, murmura-t-**elle** enfin.

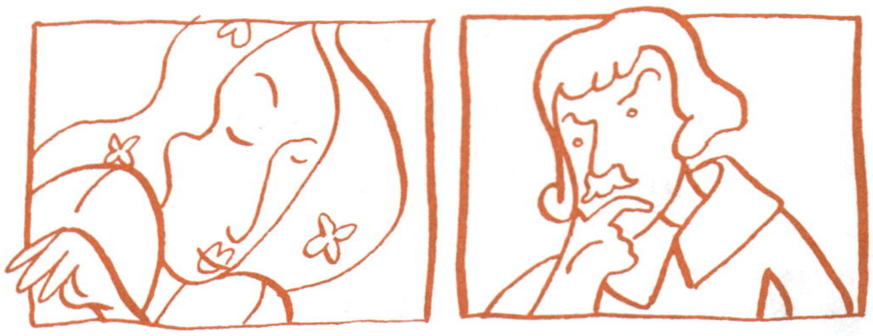

2 **Colorie de la même couleur les étiquettes qui correspondent au texte.**

Et tout disparut	« *nous* suffira ».
Viviane se sentit	très émue.
Vous avez dit :	dans ce jardin.
Attendez-moi	soudainement.

3 **Relie les deux parties de phrase qui vont ensemble.**

Toi et moi, •	• je partirai.
Lui, •	• nous partirons.
Moi, •	• il partira.
Toi, •	• tu partiras.

4 **Dictée.**

Voir manuel pages 156 et 157.

5 Coche la bonne réponse. Attention, il peut y en avoir plusieurs.

• Pourquoi Merlin doit-il partir ?

☐ Merlin doit partir parce que son roi a besoin de lui.

☐ Merlin doit partir parce qu'il doit rentrer chez lui.

☐ Merlin doit partir parce qu'il n'aime plus Viviane.

• Pourquoi Merlin ne fait-il pas disparaître le jardin ?

☐ Merlin ne fait pas disparaître le jardin parce qu'il a oublié de le faire.

☐ Merlin ne fait pas disparaître le jardin parce qu'il aime les fleurs.

☐ Merlin ne fait pas disparaître le jardin parce qu'il aime s'y trouver avec Viviane.

• Pourquoi Viviane est-elle émue ?

☐ Viviane est émue parce que Merlin a dit « *nous* ».

☐ Viviane est émue parce que Merlin doit partir.

☐ Viviane est émue parce qu'elle pense que Merlin éprouve des sentiments pour elle.

6 Dessine ce que l'on te demande dans chaque case :

un château au milieu d'une pelouse	une clairière au milieu d'une forêt

Voir manuel pages 158 et 159.

1 **Barre dans la liste les éléments qui ne se trouvent pas dans l'illustration :**

un château	une grenouille
un arbre	Merlin
une biche	un loup
une rivière	un troubadour
un renard	une bicyclette
Viviane	un écureuil

2 **Une seule phrase reprend les quatre mots du texte. Encadre-la et souligne dans les autres les mots qui ont été changés.**

- Merlin lui apprit comment se faire arbre, regard, biche ou rivière.
- Merlin lui apprit comment se faire sabre, renard, biche ou rivière.
- Merlin lui apprit comment se faire arbre, renard, riche ou rivière.
- Merlin lui apprit comment se faire arbre, renard, biche ou civière.
- Merlin lui apprit comment se faire arbre, renard, biche ou rivière.

3 **Coche dans chaque groupe la phrase qui a le même sens que la première.**

- **Tu peux avoir une glace, un gâteau ou un bonbon.**

☐ Tu as le choix entre une glace, un gâteau et un bonbon.

☐ Tu peux avoir une glace, un gâteau et un bonbon.

- **Je voudrais une voiture, une poupée ou un robot.**

☐ Je voudrais tous ces jouets.

☐ Je voudrais l'un de ces jouets.

- **Je viendrai lundi, mardi ou mercredi.**

☐ Je viendrai les trois jours.

☐ Je viendrai l'un des jours.

Voir manuel pages 158 et 159.

4 **Complète par** vrai **ou** faux **.**

Merlin avait très envie de revenir. ....

Merlin avait besoin du roi Arthur. ....

Merlin n'a pas oublié Viviane, mais Viviane, elle, l'a oublié. ....

Viviane apprit un seul enchantement. ....

Viviane apprit tous les enchantements. ....

5 **Complète le résumé en t'aidant de l'histoire.**

Après une année, Merlin

apprit à Viviane _____ *: comment se transformer en*

Peu à peu, _____ *sut tous les enchantements.*

6 **Merlin a appris à Viviane ses secrets.**
Retrouve-les et complète la grille.

									B		
R											
E	N	C	H	A	N	T	E	M	E	N	T
				R						E	
				E							

Voir manuel pages 160 et 161.

1 Numérote les phrases dans l'ordre de l'histoire.

☐ Enfin, Merlin revint.

☐ La jeune fille sursauta.

☐ Viviane lut dans les yeux de Merlin qu'il allait repartir.

☐ Merlin pénétra dans la forêt de Brocéliande.

☐ « Je dois partir », dit Merlin.

☐ Merlin prit l'aspect d'un beau chevalier.

2 Complète les phrases avec un des mots proposés.

(1) : four, jour, sourd (2) : jeux, yeux, œufs
(3) : revenir, déguerpir, repartir (4) : dit, rit, vit
(5) : lourdement, simplement, vivement
(6) : son regret, son secret, son reflet

Un triste (1) ..., Viviane lut dans les (2) ...
de Merlin qu'il allait (3) ... . Elle ne lui (4) ...
pas qu'elle avait compris, elle demanda (5) ...
(6) ...

3 Relie les mots des trois colonnes pour former les phrases :

Pouvez-	tu	Merlin ?
Attendra-t-	vous	emprisonner quelqu'un ?
Sais-	elle	me l'enseigner ?

Voir manuel pages 160 et 161.

4 **Relève dans chaque texte, depuis le début de l'histoire, une ou deux expressions qui désignent Merlin.**

page 150 :

page 152 :

page 154 :

page 156 :

page 158 :

page 160 :

5 **Devinettes.**

Il est capable de se transformer en ours ou en rocher. ....

Lorsqu'il a besoin de vous, il faut obéir à ses ordres. ....

Sa mère est une fée. ....

Il est gardé par de puissantes tours. ....

6 **Invente des devinettes.**

Les yeux

L'ours

Le secret

Voir manuel pages 162 et 163.

1 **Complète par** vrai **ou** faux **.**

Merlin regarde les nuages parce qu'il s'ennuie. ....

Merlin s'endort, la tête sur les genoux de Viviane. ....

Merlin et Viviane écoutent le vent. ....

Viviane fait tourner huit fois son écharpe autour du buisson d'églantier. ....

Viviane a vu qu'il s'était endormi. ....

2 **La première partie de la phrase a été emportée par le vent (1), la deuxième se reflète dans l'eau (2). Réécris-les :**

(1) *Il regarda les nuages tourmentés qui couraient dans le ciel.*

(2) *cal ud xuae sel snad serbra sed telfer elâp el.*

3 **Complète les phrases avec :** *la sienne, le sien ou les siens.*

Nous avons tous deux reçu des cadeaux mais je préfère

Comme j'ai oublié ma gomme, il m'a prêté

Mon frère est le plus mignon, mais Amélie préfère

Voir manuel pages 162 et 163.

4 **Invente en t'inspirant de l'illustration le plus d'expressions possibles pour désigner Viviane.**

Viviane,
elle

• Si tu as fini, colorie Viviane.

5 **Coche la bonne réponse. Attention, il peut y en avoir plusieurs.**

• Pourquoi Merlin regarde-t-il les nuages et le reflet des arbres ?

☐ Merlin regarde les nuages et le reflet des arbres parce qu'il veut connaître le temps qu'il va faire.

☐ Merlin regarde les nuages et le reflet des arbres parce qu'il s'ennuie.

☐ Merlin regarde les nuages et le reflet des arbres parce qu'il réfléchit.

• Quelle décision Merlin doit-il prendre ?

☐ Merlin doit décider s'il reste.

☐ Merlin doit décider s'il part.

☐ Merlin doit décider s'il confie son secret à Viviane.

• Qu'est-ce qui l'aide à prendre sa décision ?

☐ La main de Viviane dans la sienne l'aide à prendre sa décision.

☐ Son amour pour Viviane l'aide à prendre sa décision.

☐ Les nuages et le reflet des arbres l'aident à prendre sa décision.

Voir manuel pages 164 et 165.

1 Barre les titres qui ne conviennent pas à notre histoire. Tu peux en inventer d'autres.

- Viviane et Merlin
- Merlin chez le roi Arthur
- Merlin l'enchanté
- Les voyages de Merlin

•

•

2 Remplace Merlin par Viviane dans la phrase suivante et fais les transformations nécessaires :

Quand Merlin s'éveilla, il sut qu'il était prisonnier, prisonnier d'une cage d'air, prisonnier de l'amour de Viviane.

Quand Viviane s'éveilla,

3 Écris le contraire de la phrase proposée en utilisant « plus jamais ».

- *Tu feras encore des exercices. Tu ne feras plus jamais d'exercices.*
- Merlin se transformera encore.
- Viviane l'attendra encore.
- Merlin et Viviane se sépareront encore.

Voir manuel pages 164 et 165.

4 Écris le numéro de la page de l'histoire où se trouvent,

• dans l'illustration, les éléments suivants :

un églantier : page ---
une biche : page ---
un renard : page ---
l'écharpe : page ---

• dans le texte, les mots suivants :

troubadours : page ---
clairière : page ---
genoux : page ---
Arthur : page ---

5 Réponds aux questions suivantes. Attention, les réponses ne se trouvent pas directement dans le texte. Tu dois donner ton avis.

• Pourquoi Merlin doit-il repartir ?

Merlin doit repartir parce qu'

• Merlin savait-il ce que Viviane voulait faire de son secret ?

• Pourquoi a-t-il hésité longtemps à lui conter le dernier enchantement ?

Il a hésité longtemps parce qu'

• Regrette-t-il de l'avoir fait ? Explique pourquoi.

1 **Complète les phrases avec un mot de la même famille que : saut, chant, regard, bond**

Elle ... à l'opéra. Le coureur ... les obstacles.

Le chat ... sur sa proie. Le pirate ... dans sa longue-vue.

2 **Cherche l'intrus qui n'appartient pas à la même famille. Entoure-le.**

pied	dos	flot	bras
pédale	douche	flotter	embrasser
parapluie	dossier	flûte	brassard
pédicure	dossard	flottement	brave

3 **Entoure tous les d et les t, puis colorie ceux que l'on n'entend pas.**

Le vieillard regarde son reflet dans l'eau et pense à l'enfant qu'il était.

Il n'a pas de regret : il a eu une belle vie. Il pense à ses enfants,

ses petits-enfants, ses arrière-petits enfants et réfléchit :

tout ce petit monde sera là dimanche...

4 **Écris les mots de la même famille sur chaque carte.**

neige - vent - neigeux - enneigé - ventilateur - éventail

5 **Rends son petit à chaque animal et réécris la lettre comme sur l'exemple. Colorie ensuite le dessin.**

chat [t]	renardeau
éléphan [ ]	porcelet
renar [ ]	chaton
por [ ]	éléphanteau

6 **Trouve le plus de mots possibles de la même famille que : grand et que petit. Range-les dans chacune des deux colonnes.**

1 Colorie si tu entends la même chose que dans **taxi**.

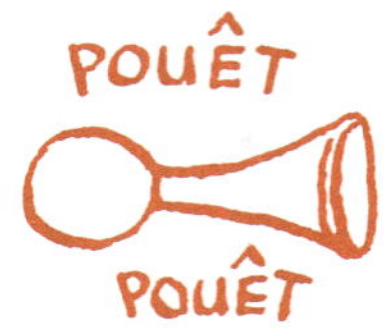

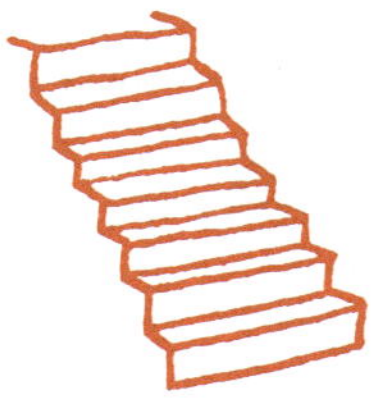

2 Entoure la lettre x chaque fois que tu la vois :

X x h k X y x § **X** **H** **x** H x & *x* X & y 1

CADEAUX - exemple - EXERCICE - yeux - TAXI -

boxeur - XYLOPHONE - fax - HEUREUX

3 Cherche depuis le début de l'histoire de Merlin, cinq mots qui contiennent la lettre x. Écris-les ici.

4 Écris les mots suivants dans la liste qui convient.

explorateur - Xavier - exercice - explosion - xylophone - extérieur - exemple - exact - boxeur

ks comme dans **taxi**	gz comme dans **examen**

5 **Dans le texte suivant, souligne tous les mots comportant la lettre x et trouve-leur un classement :**

Après la longue période d'orages, chacun était ravi
de pouvoir à nouveau mettre le nez à l'extérieur des cabines.
Adieu les manteaux ! Les eaux étaient calmes et le vent modéré.
Le soleil, exactement au-dessus des bateaux, perçait les nuages :
les conditions étaient excellentes pour un petite exploration.
Un groupe de dauphins fit son apparition. Il y en avait cinq, peut-être six.
Le capitaine les montra de l'index et décida de les suivre.

1	2	3	4

6 **Retrouve les deux mots qui sont cachés dans les boîtes, puis écris-les.**

ta, xe, bo, xi	che, ge, noux, veux	in, boux, hi, dex

Voir manuel page 169.

1 **Entoure l'intrus :**

h H h H h h H H h h m H

2 **Relie les syllabes au dessin qui correspond :**

hi	ho	hu	ha	hé

3 **Entoure tous les h.**

houx - écho - cheval - orchestre - théâtre - cheveux - chaleur - rhume - huile

• **Écris les mots de la liste précédente où tu entends le son** [ʃ] 

4 **Après avoir observé le premier tableau, marque la liaison ou la séparation dans le deuxième, comme sur le modèle :**

l'homme	le hibou
l'heure	le héros
l'habit	la hache
l'harmonica	la haie
l'hameçon	le haillon
l'huître	le haricot

les‿hommes	les | hiboux
les heures	les héros
les habits	les haches
les harmonicas	les haies
les hameçons	les haillons
les huîtres	les haricots

5 Recherche dans tous les textes que tu connais trois mots qui comportent un h. Écris-les.

6 Dans le texte suivant, remplace chaque tiret par un x ou un h.

Les _ibou_

Ce sont les mères des _ibou_
Qui désirent c_erc_er les pou_
De leurs enfants, leurs petits c_ou_,
En les tenant sur les genou_.

Leurs yeu_ d'or valent des bijou_
Leur bec est dur comme caillou_
Ils sont dou_ comme des joujou_,
Mais au_ _ibou_ point de genou_!

Robert Desnos
extrait de *Chantefables et Chantefleurs*, éd. Gründ.

• Choisis la strophe que tu préfères et recopie-la.

Voir manuel page 172.

Affiche

Dessin de Philippe Munch. © Universcène.

1 **Relie les étiquettes aux éléments correspondants sur l'affiche :**

- Les dates du spectacle •
- Le titre •
- Le numéro de téléphone pour réserver •
- Le public concerné •

2 **Quand le spectacle a-t-il lieu ?**

3 **Quel est le titre du spectacle ?**

4 **Le compositeur est celui qui compose la musique. Écris son nom :**

Voir manuel page 174.

extrait de…
La charte du promeneur en forêt

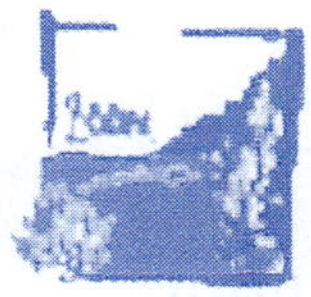

Il sait que le feu est l'ennemi de la forêt.

Il n'abandonne pas ses détritus en forêt.

Il modère ses cueillettes et sait que les fleurs arrachées ne repoussent pas.

Il respecte les routes forestières fermées et les chemins balisés.

Il fait attention à son chien.

Les animaux sont chez eux, le promeneur les laisse en paix.

• **Observe bien ce document. Entoure les éléments qui te permettent de répondre aux questions.**

1 Que fait le promeneur de ses détritus ?

2 Pourquoi n'arrache-t-il pas les fleurs ?

3 Résume en une phrase le message de ce document[1] :

Il faut

1 Pour t'aider, tu peux choisir parmi ces trois phrases :
Il faut se promener en forêt.
Il faut respecter la forêt.
Il faut brûler la forêt.

Décris une apparition

Observe

[…] Je peux aussi faire ceci…
Il écarta les mains, et un verger couvert de fruits **apparut** dans la clairière, puis un jardin de fleurs.
Au milieu, **surgit** un château aux murs épais, aux toits pointus, gardé par huit puissantes tours.
Il claqua des doigts. Aussitôt, devant le château, **se dessina** une vaste pelouse, sur laquelle il traça un cercle.
Alors, venant de partout, **arrivèrent** des dames et des chevaliers, menés par des troubadours qui jouaient de la musique. […]

(manuel p. 152-154)

[…] À peine la Belle eut-elle prononcé ces paroles qu'elle vit le château brillant de lumières. Les feux d'artifice, la musique, tout lui annonçait une fête ; mais toutes ces beautés n'arrêtèrent point sa vue. Elle se retourna vers sa chère Bête dont l'état faisait frémir. Quelle ne fut pas sa surprise ! La Bête avait disparu, et elle ne vit plus à ses pieds qu'un prince plus beau que l'Amour, qui la remerciait d'avoir rompu son enchantement. […]

La Belle et la Bête © éd. Les Deux Coqs d'Or.

Réfléchis

Souligne dans le premier texte :
- **en rouge, les trois gestes magiques de Merlin,**
- **en vert, les différents éléments de l'apparition.**

Notre projet

Décrire une nouvelle apparition de Merlin.
Imaginer les gestes magiques et les objets merveilleux.

D'ÉCRITURE

Voir manuel pages 152 et 154.

La boîte à idées

splendide
énorme
merveilleux
magnifique
ignoble
horrible

un gâteau

qui brillait
qui sentait délicieusement bon
qui volait
qui sentait affreusement mauvais
qui se léchait les babines
qui étincelait de pierreries

un carrosse

robe
ville
monstre

une araignée

il frappa dans ses mains.
il dit « Abracadabra ».
il cligna trois fois des yeux.

• Tu peux la compléter et utiliser les mots en gras dans le texte.

Décris ton apparition

Je peux aussi faire ceci...

Il

• Dessine ton apparition.

• Lis ta description à ton voisin. A-t-il bien compris ? Saurait-il dessiner ce que tu lui as lu ?

Révisions

1 Quel pourrait être le château décrit page 154 ? Colorie-le.

2 Lis les phrases puis complète les dessins.

Viviane démêle ses cheveux avec un très joli peigne.
Le troubadour joue de la flûte.
Viviane cueille des fleurs dans le jardin.
Merlin contemple de loin le château.

3 Écris ce que représentent ces vignettes :

Jeux

1 La fée du vallon a fait s'envoler les lettres du panneau. Aide Merlin à les remettre dans l'ordre.

2 Retrouve les éléments suivants dans le plan de la forêt.

La grotte de l'ours se trouve à l'intersection des deux sentiers.
Le grand chêne est en face du lac de l'autre côté du sentier.
La fontaine se trouve dans la clairière.
La biche se promène sur le sentier.
Le renard est à côté de la grotte de l'ours.

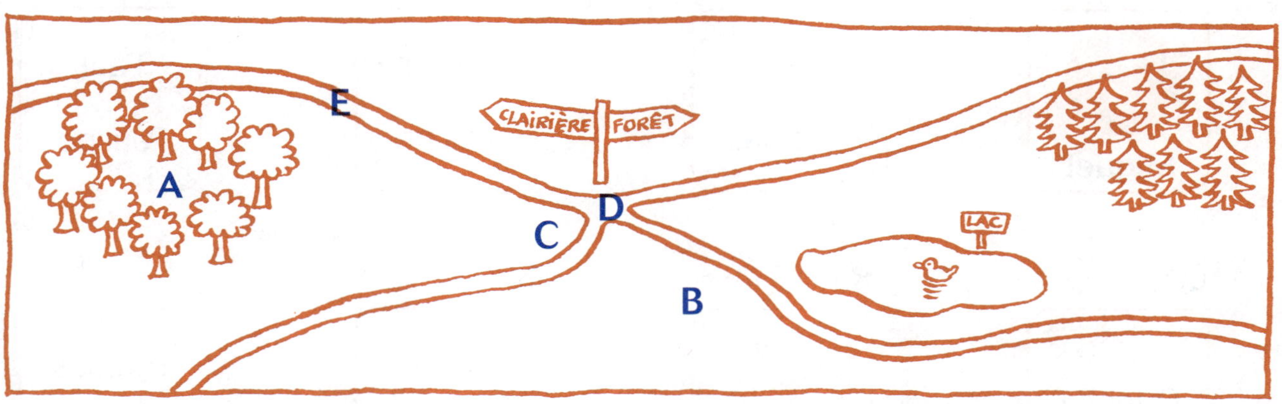

3 Complète les cases avec les lettres A, B, C, D, E en fonction du plan.

la grotte de l'ours — *le grand chêne* — *la fontaine* — *la biche* — *le renard*

Abécédaire des prénoms

A a *A a*

Alex

B b *B b*

Boris

Benoît

C c *C c*

Camille

Clémentine

D d *D d*

David

Douadou

E e *E e*

Émilie

Emma

F f *F f*

Félix

Fatou

G g *G g*

Grindelire

H h *H h*

Habib

Hugo

I i *I i*

Igor

Isabelle

J j *J j*

Julien

K k *K k*

Kevin

Kélim

L l *L l*

Léa

M m *M m*

Miguel

N n *N n*

Nina

Nicolas

O o *O o*

Olivier

Oscar

P p *P p*

Paul

Pauline

Q q *Q q*

Quentin

R r *R r*

Rosemonde

S s *S s*

Sara

Sylvain

T t *T t*

Thomas

Tatiana

U u *U u*

Ulysse

Ulrich

V v *V v*

Viviane

W w *W w*

William

Xavier

X x *X x*

Y y *Y y*

Yves

Zoé

Z z *Z z*